INSTRUCTION DU 25 MAI 1901

pour l'application de la loi et du décret relatifs à

L'AFFRANCHISSEMENT

A TITRE GRATUIT

DES LETTRES PROVENANT

DES SOUS-OFFICIERS, CAPORAUX ET SOLDATS

PARIS

HENRI CHARLES-LAVAUZELLE

Éditeur militaire

10, Rue Danton, Boulevard Saint-Germain, 118

(MÊME MAISON A LIMOGES)

INSTRUCTION DU 25 MAI 1901

pour l'application de la loi et du décret relatifs à

L'AFFRANCHISSEMENT

A TITRE GRATUIT

des lettres provenant des Sous-Officiers, Caporaux et Soldats

INSTRUCTION DU 25 MAI 1901

pour l'application de la loi et du décret relatifs à

L'AFFRANCHISSEMENT

A TITRE GRATUIT

DES LETTRES PROVENANT

DES SOUS-OFFICIERS, CAPORAUX ET SOLDATS

PARIS

Henri CHARLES-LAVAUZELLE

Éditeur militaire

10, Rue Danton, Boulevard Saint-Germain, 118

(MÊME MAISON A LIMOGES)

INSTRUCTION DU 25 MAI 1901

pour l'application de la loi et du décret relatifs à

L'AFFRANCHISSEMENT

À TITRE GRATUIT

des lettres provenant des Sous-Officiers, Caporaux et Soldats

---

CHAPITRE Ier

DISPOSITIONS GÉNÉRALES.

Nature de l'exemption de port. — Timbres-poste spéciaux.

Art. 1er. La loi du 29 décembre 1900 accorde aux sous-officiers et soldats en activité de service dans l'armée de terre (armée métropolitaine et troupes coloniales) et aux officiers mariniers, marins et assimilés en activité de service dans l'armée de mer, le droit à l'exemption de port pour l'expédition de deux lettres simples par mois.

La franchise est constatée par l'application sur chaque lettre simple, c'est-à-dire ne dépassant pas le poids de 15 grammes, d'un timbre-poste spécial.

Ce timbre n'assure la gratuité que pour les lettres simples expédiées par les militaires et marins à destination de la France, de l'Algérie, de la Tunisie et des colonies françaises.

Militaires auxquels est acquis le droit à l'exemption de port.

Art. 2. Le droit à l'exemption de port est acquis, dans les conditions sus-indiquées :

1° Aux sous-officiers, caporaux ou brigadiers et soldats de l'armée active, de la réserve et de l'armée territoriale (armée métropolitaine et troupes coloniales) présents au corps, en traitement dans les hôpitaux militaires et les hospices civils, ou en détention ;

2° Aux exclus de l'armée placés dans la même situation.

Doivent être également compris dans l'énumération des

parties prenantes au titre du département de la guerre, les officiers mariniers, marins et assimilés, en activité de service, en traitement dans les hôpitaux militaires et les hospices civils (y compris les réservistes et les inscrits maritimes rappelés pour périodes d'exercices).

Autorités chargées de l'approvisionnement des corps et services
en timbres-poste spéciaux.

.Art. 3. L'approvisionnement des corps et services de la guerre et des ayants droit des troupes de l'armée de mer en traitement dans les hôpitaux militaires et les hospices civils est exclusivement assuré :

1° En France et en Algérie, dans chaque département, par le sous-intendant militaire, chargé du service des frais de route au chef-lieu du département, sauf dans les départements du Tarn et du Var, où l'approvisionnement est assuré par les sous-intendants de Castres et de Toulon.

2° En Tunisie, par le sous-intendant militaire chargé du service des frais de route au chef-lieu de la division.

CHAPITRE II.

MODE D'APPROVISIONNEMENT, PAR L'AGENT COMPTABLE DE LA FABRICATION DES TIMBRES-POSTE, DES FIGURINES DESTINÉES AUX DIFFÉRENTS CORPS ET SERVICES DE LA GUERRE.

Demandes à adresser à l'agent-comptable de la fabrication
des timbres-poste.

Art. 4. L'approvisionnement des timbres-poste spéciaux destinés aux corps et services est constitué par l'agent comptable de la fabrication des timbres-poste à Paris, sur demandes directes émanant des fonctionnaires de l'intendance militaire désignés à cet effet dans chaque département et en Tunisie.

Ces demandes sont faites trimestriellement et doivent parvenir à l'agent comptable des timbres-poste avant le 25 du dernier mois du trimestre.

Elles sont appuyées d'états d'effectifs régulièrement constatés conformes au modèle n° 1 annexé à la présente instruction et tiennent compte des timbres disponibles de la livraison antérieure.

Les demandes des fonctionnaires de l'intendance militaire désignés sont soumises au visa préalable du général commandant le corps d'armée.

Envoi des figurines par l'agent comptable de la fabrication
des timbres-poste.

Art. 5. Dès qu'il a reçu les demandes, transmises dans les
conditions ci-dessus énoncées, l'agent comptable de la fabrication des timbres-poste adresse directement au fonctionnaire
de l'intendance militaire duquel émane la demande, le nombre de timbres spéciaux indiqué.

Les figurines sont accompagnées d'une lettre d'envoi, com-
portant accusé de réception.

Ouverture et vérification des paquets. — Envoi de l'accusé de réception.

Art. 6. A l'arrivée d'un paquet de figurines à son adresse,
le fonctionnaire de l'intendance militaire désigné·dans chaque
département fait l'ouverture du paquet qui lui est destiné et
procède à la vérification des quantités inscrites sur la lettre
d'envoi.

Les résultats de cette vérification font l'objet d'un procès-
verbal inscrit à la première partie du registre-balance (modèle n° 2 annexé à la présente instruction).

La signature de ce fonctionnaire est apposée au bas du
procès-verbal.

Si aucune différence n'est constatée entre les quantités envoyées et celles reçues, le fonctionnaire de l'intendance
adresse, en double expédition, à l'agent comptable de la fabrication, un accusé de réception revêtu de sa signature.

Procès-verbal des différences reconnues à l'ouverture d'un paquet
reçu de l'agent comptable.

Art. 7. Si des différences sont reconnues dans le nombre
des figurines comprises dans l'envoi, le procès-verbal dressé
en exécution de l'article 6 constate :

1° L'état de l'enveloppe et les cachets ;
2° Le nombre de figurines trouvées dans le paquet ;
3° La différence entre ce nombre et celui que porte la lettre d'envoi.

Ampliation de ce procès-verbal est dressé en deux expéditions, revêtues de la signature du fonctionnaire de l'intendance militaire.

Ces deux expéditions sont jointes à l'accusé de réception
envoyé à l'agent comptable de la fabrication.

Paquet de figurines reconnu à l'ouverture destiné
à un autre département.

Art. 8. Si un paquet de figurines est reconnu, après ouverture, destiné au fonctionnaire de l'intendance militaire
d'un autre département, le contenu en est vérifié et constaté
dans la forme ci-dessus prescrite.

Ce paquet est refermé et dirigé, sous chargement, sur sa destination.

Procès-verbal du fait est dressé en double expédition; l'une est transmise à l'agent comptable de la fabrication, l'autre au fonctionnaire de l'intendance militaire destinataire.

Prise en charge par les fonctionnaires de l'intendance militaire désignés des envois de figurines.

Art. 9. Les fonctionnaires de l'intendance militaire désignés dans chaque département sont personnellement responsables de la garde, de la conservation et des délivrances des timbres-poste spéciaux destinés à la franchise militaire. A cet effet, ils inscrivent, à la date de leur réception, les quantités de figurines qu'ils ont réellement reçues, à la 2ᵉ partie du registre-balance (modèle n° 2).

Garde et conservation des figurines en approvisionnement.

Art. 10. Les figurines dont les fonctionnaires de l'intendance militaire désignés dans chaque département sont détenteurs, en attendant leur délivrance aux corps ou services, sont renfermées dans une caisse ou une armoire dont ils conservent personnellement la clef.

Retrait des figurines détériorées comprises dans l'approvisionnement.

Art. 11. Lorsque des figurines envoyées par l'agent comptable de la fabrication des timbres-poste parviennent aux fonctionnaires de l'intendance militaire désignés, détériorées, et hors d'état d'être livrées aux bénéficiaires, ou lorsque, parmi celles que comprend l'approvisionnement, il s'en trouve qui sont devenues inutilisables, soit par suite de vétusté, soit pour une cause accidentelle quelconque, il est procédé à leur retrait.

Les demandes de retrait sont adressées par le fonctionnaire de l'intendance militaire désigné au général commandant le corps d'armée qui délivre, après examen, l'autorisation nécessaire.

Cette autorisation accordée, le fonctionnaire de l'intendance militaire établit, en triple expédition, un relevé présentant le nombre de figurines détériorées dont il a à faire le renvoi. Deux expéditions du relevé, accompagnées des figurines, sont adressées, sous chargement en franchise, à l'agent comptable de la fabrication des timbres-poste par les soins du fonctionnaire de l'intendance militaire.

La 3ᵉ expédition du relevé, approuvée par le général commandant le corps d'armée, est conservée par le fonctionnaire de l'intendance militaire jusqu'à ce que l'agent comptable de la fabrication des timbres-poste l'ait avisé des résultats de son propre contrôle.

CHAPITRE III.

APPROVISIONNEMENT DE PRÉVOYANCE.

Approvisionnement pour des cas imprévus.

Art. 12. Afin de pourvoir aux cas imprévus (convocation des réservistes et des territoriaux, appel de la classe, etc.), les fonctionnaires de l'intendance militaire désignés à cet effet dans chaque département sont pourvus d'un approvisionnement de prévoyance de timbres-poste spéciaux dont ils sont responsables dans les conditions prévues aux articles 9 et 10.

L'importance de cet approvisionnement est déterminé pour chaque département par le général commandant le corps d'armée et en Tunisie par le général commandant la division d'occupation.

Remplacement des timbres prélevés dans l'approvisionnement de prévoyance.

Art. 13. En cas de prélèvements sur ce stock, la demande de remplacement de timbres manquant pour le tenir au complet réglementaire est comprise, à titre distinct, dans l'état trimestriel modèle n° 1 adressé à l'agent comptable de la fabrication, sous la rubrique : « Réapprovisionnement du stock de prévoyance. »

Timbres en excédent sur l'approvisionnement de prévoyance.

Art. 14. Lorsque, par suite de remises opérées par un corps ou service, l'approvisionnement d'un département dépasse le chiffre fixé par le général commandant le corps d'armée, l'excédent de timbres est déduit de la plus prochaine demande à adresser à l'agent comptable de la fabrication et délivré aux corps ou services du département dans les conditions ordinaires.

CHAPITRE IV.

MODE D'APPROVISIONNEMENT DES CORPS ET SERVICES PAR LES FONCTIONNAIRES DE L'INTENDANCE MILITAIRE DÉSIGNÉS A CET EFFET DANS CHAQUE DÉPARTEMENT.

———

Mode d'établissement des demandes à adresser par les corps ou services aux fonctionnaires de l'intendance militaire désignés dans chaque département.

Art. 15. Les demandes de timbres-poste pour l'approvisionnement ou les délivrances à effectuer aux corps et services sont adressées trimestriellement au fonctionnaire de l'intendance militaire désigné à cet effet dans chaque département, appuyées par corps, service ou détachement d'un état d'effectif indiquant :

1° L'effectif réel des militaires ayant droit à l'exemption postale ;

2° Le nombre de timbres disponibles en approvisionnement.

Ces états, conformes au modèle n° 3, doivent parvenir au fonctionnaire de l'intendance militaire désigné dans chaque département avant le 15 du dernier mois du trimestre.

Ils sont ensuite récapitulés par le fonctionnaire de l'intendance militaire et compris dans la demande générale adressée à l'agent comptable de la fabrication des timbres-poste, comme il est dit à l'article 4.

Autorités militaires chargées d'adresser les demandes aux fonctionnaires de l'intendance militaire désignés dans chaque département.

Art. 16. Les états de demandes prévus par l'article 15 ci-dessus sont établis par les chefs de corps, de services ou de détachements et adressés par l'intermédiaire du sous-intendant qui réside dans la garnison ou de son suppléant.

Envoi par les fonctionnaires de l'intendance militaire désignés dans chaque département des timbres spéciaux demandés par les corps ou services.

Art. 17. Les fonctionnaires de l'intendance militaire désignés dans chaque département satisfont aux demandes de timbres spéciaux dont ils sont saisis par les corps ou services, soit dès qu'ils ont reçu de l'agent comptable de la fabrication le nombre de figurines compris dans leur demande trimestrielle, soit, en cas de besoins urgents, au moyen d'un prélèvement sur l'approvisionnement de prévoyance qu'ils conservent, conformément aux prescriptions de l'article 12.

Le nombre de timbres demandé est mis sous enveloppe cachetée à la cire et adressée au chef de corps, de service ou de détachement, accompagné d'un état numérique, en double expédition.

L'une de ces expéditions est conservée par le corps, service ou détachement, pour la prise en charge dans les écritures du vaguemestre ou du fonctionnaire chargé de la délivrance ; la seconde, revêtue de l'accusé de réception du chef de corps, de service ou de détachement, fait retour au fonctionnaire de l'intendance militaire qui la conserve comme pièce justificative des délivrances qu'il a faites.

Différences constatées entre les quantités annoncées et les quantités reçues par les corps ou services.

Art. 18. En cas de différences constatées entre les quantités reçues et les quantités annoncées, il est procédé comme il est dit à l'article 7.

Envois à faire pour le personnel des corps et services dans les colonies.

Art. 19. Les envois à effectuer aux personnels des corps et services aux colonies n'ont lieu qu'une fois par an, sur demandes établies par les chefs de corps, de service ou de détachement.

Inscription en dépense des timbres délivrés par les fonctionnaires de l'intendance militaire désignés dans chaque département. — Prise en charge des timbres remis par les corps ou services.

Art. 20. Les quantités de timbres délivrées par les fonctionnaires de l'intendance militaire désignés dans chaque département aux corps ou services sont portées en dépense, à leur date, sur le registre-balance (modèle n° 2).

Les remises opérées par les corps ou services sont également prises en charge, sur le même registre, ainsi que les renvois des timbres détériorés ou hors d'usage effectués par les corps ou services.

Dans ce dernier cas, l'inscription en dépense est faite provisoirement après accomplissement des formalités indiquées à l'article 11.

Prise en charge des timbres-poste spéciaux par les corps ou services.

Art. 21. Les timbres reçus du fonctionnaire de l'intendance militaire désigné dans chaque département par les corps, services ou détachements sont immédiatement pris en charge sur le registre tenu par le vaguemestre ou le fonctionnaire chargé de la délivrance (modèle n° 5).

Ils sont conservés par le trésorier, dans les corps de troupe, ou par un officier spécialement désigné par les directeurs de service ou les chefs de détachements, dans une armoire ou dans une caisse fermant à clef, et les plus grandes précautions doivent être prises pour assurer leur conservation.

Vérification mensuelle des timbres en approvisionnement.

Art. 22. Chaque mois un officier ou assimilé désigné par le chef de corps ou de service procède à la vérification des timbres disponibles restant à la charge du vaguemestre en rapprochant les pièces de recette constatant les délivrances effectuées par les fonctionnaires de l'intendance désignés dans chaque département des émargements consignés dans le carnet nominatif (modèle n° 4) et en tenant compte également des remises ou des renvois qui ont pu être faits dans le cours du mois.

L'officier ou assimilé délégué consigne ses observations, s'il y a lieu, dans les colonnes *ad hoc* dudit carnet.

Renvoi au fonctionnaire de l'intendance militaire désigné dans chaque département des figurines détériorées comprises dans l'approvisionnement des corps ou services.

Art. 23. Lorsque l'approvisionnement du corps ou service comprend des figurines qui, pour un motif quelconque, ne peuvent plus être utilisées, le corps ou service détenteur en effectue le renvoi sous pli chargé, en franchise, au fonctionnaire de l'intendance militaire par les soins duquel il a été approvisionné.

Les figurines hors de service sont accompagnées d'un procès-verbal, en double expédition, indiquant le motif pour lequel elles sont devenues inutilisables.

Une expédition de ce procès-verbal est transmise par le fonctionnaire de l'intendance militaire désigné dans chaque département, avec les figurines, à l'agent comptable de la fabrication des timbres-poste (art. 11).

CHAPITRE V.

FORMALITÉS AUXQUELLES DONNE LIEU LA DÉLIVRANCE DES TIMBRES-POSTE SPÉCIAUX AUX MILITAIRES.

Tenue d'un carnet nominatif pour la constatation des envois de lettres jouissant de la franchise postale.

Art. 24. Dans le but de constater l'identité des hommes appelés à bénéficier de l'exemption de port, il est tenu dans les corps ou services un carnet nominatif conforme au modèle n° 4 annexé à la présente instruction.

Ce registre, coté et parafé par le directeur du service de l'intendance du corps d'armée avant délivrance aux corps ou services intéressés, comporte, pour chaque envoi de lettre jouissant du bénéfice de la franchise militaire, l'émargement de l'expéditeur.

Autorités chargées de la tenue du carnet nominatif.

Art. 25. Le carnet nominatif est tenu pour chaque unité administrative ou détachement par un sous-officier désigné à cet effet par le chef de corps, de service, ou de détachement.

Renseignements que comporte le carnet nominatif.

Art. 26. Le carnet nominatif contient l'indication des noms, prénoms et grades des bénéficiaires. Il fait ressortir la date d'arrivée à partir de laquelle court le droit à la délivrance des timbres spéciaux au titre de l'unité ou du détachement, et la date de départ, à partir de laquelle ce même droit cesse. 24 colonnes sont réservées pour les émargements mensuels, à raison de deux envois par mois. En fin d'année, une récapitulation générale, par mois, fait ressortir le total des timbres utilisés par le corps ou service.

Le total des timbres employés pendant le mois, tel qu'il résulte des émargements individuels, doit concorder avec les inscriptions portées sur le registre du vaguemestre (modèle n° 5).

Limitation du droit à la franchise postale.

Art. 27. La franchise postale n'est accordée que pour deux lettres simples par mois (loi du 29 décembre 1900). Tout militaire qui, dans le cours d'un mois, n'a pas épuisé son droit, perd le bénéfice des timbres non utilisés pendant le mois.

Tout militaire qui présente une lettre pour être revêtue du timbre spécial, alors qu'il a épuisé son droit, est passible d'une punition disciplinaire.

Remise des lettres au vaguemestre. — Apposition des timbres spéciaux et du cachet du corps ou service. — Émargement des expéditeurs.

Art. 28. Les lettres appelées à bénéficier de la franchise militaire sont remises au vaguemestre ou à un gradé spécialement délégué qui doit les revêtir immédiatement du timbre spécial, y apposer le cachet du corps ou service et en effectuer le dépôt à la poste. Chaque envoi est émargé par l'expéditeur sur le carnet nominatif.

Dans les corps à effectif nombreux réparti entre plusieurs unités, il est désigné dans chaque unité un sous-officier chargé de réunir les lettres de cette unité et de tenir le carnet nominatif sur lequel les expéditeurs doivent émarger.

CHAPITRE VI.

COMPTABILITÉ DES TIMBRES-POSTE SPÉCIAUX.

Comptabilité des fonctionnaires de l'intendance militaire désignés dans chaque département (registre-balance des entrées et des sorties).

Art. 29. En vue de suivre les mouvements de timbres qu'ils reçoivent de l'agent comptable de la fabrication et qu'ils délivrent aux corps et services destinataires, les fonctionnaires de l'intendance militaire chargés de ce soin dans chaque département tiennent un registre-balance conforme au modèle n° 2 annexé à la présente instruction. Ce registre, coté et parafé par le directeur du service de l'intendance du corps d'armée, comprend deux parties distinctes.

Sur la première sont inscrits, à leur date, les procès-verbaux d'ouverture et de vérification des paquets transmis par l'agent comptable de la fabrication (art. 6 et 7) ; les chiffres de l'approvisionnement de prévoyance fixés par les généraux commandant les corps d'armée et le général commandant la division d'occupation de Tunisie (art. 12), institué dans chaque département pour les besoins éventuels, ou les augmentations et diminutions qui ont été apportées à cet approvisionnement, ainsi que toutes les circonstances de nature à faire ressortir les responsabilités encourues au point de vue de la conservation des timbres et de la régularité des délivrances faites.

Le résultat des vérifications éventuelles de l'approvisionnement y est également mentionné.

La deuxième partie fait ressortir, par trimestre, les mouvements d'entrée et de sortie des timbres (art. 9, 11, 23).

Chaque entrée ou sortie est inscrite à sa date et porte un numéro d'ordre correspondant à la pièce justificative de recette ou de dépense. Les recettes et les dépenses sont balancées au moment de l'établissement des demandes trimestrielles à adresser à l'agent comptable de la fabrication, avant le 25 du dernier mois du trimestre (art. 4).

Au-dessous de la différence on reporte le total du stock de prévoyance.

Le nouveau résultat obtenu fait ressortir un nombre de timbres inférieur, égal ou supérieur au chiffre fixé pour l'approvisionnement réglementaire.

Si le nombre des timbres est inférieur ou supérieur à cet approvisionnement, les quantités en moins ou en plus sont ajoutées ou déduites sur l'état trimestriel (modèle n° 1) adressé à l'agent comptable de la fabrication.

Comptabilité des vaguemestres ou des fonctionnaires chargés de la délivrance des timbres aux expéditeurs (registre d'entrée et de sortie des timbres).

Art. 30. L'article 3 du décret du 23 mars 1901 prescrit la tenue, par le vaguemestre, d'un registre coté et parafé qui doit faire ressortir l'entrée et la sortie des timbres.

Ce registre est conforme au modèle n° 5 annexé à la présente instruction ; il est tenu, soit par le vaguemestre dans tous les corps et services qui en sont pourvus, soit par le sous-officier ou assimilé désigné à cet effet.

Il est vérifié mensuellement par un officier ou assimilé désigné par le chef de corps ou service et fait ressortir, au 31 décembre de chaque année, le nombre de timbres reçus, consommés et restant disponibles.

Les indications de la colonne correspondant au chiffre des timbres consommés doivent concorder avec les émargements mensuels du carnet nominatif.

Situations à fournir au 31 décembre de chaque année.

Art. 31. Au moyen des indications consignées sur le registre modèle n° 5, les vaguemestres ou sous-officiers chargés de la tenue du registre établissent une situation des timbres reçus, consommés et disponibles au 31 décembre de chaque année.

Ces états, après vérifications et certifications par les chefs de corps ou de service, sont adressés aux fonctionnaires de l'intendance militaire de chaque département intéressé.

Relevés généraux à fournir par les fonctionnaires de l'intendance militaire désignés dans chaque département et en Tunisie.

Art. 32. Les relevés fournis par les corps ou services en exécution de l'article précédent sont récapitulés par les fonctionnnaires de l'intendance militaire chargés de ce soin, dans chaque département et en Tunisie, dans un relevé général faisant ressortir au 31 décembre de chaque année le nombre de timbres reçus, consommés ou restant disponibles.

Ce relevé général est dressé en double expédition ; il indique séparément le nombre de timbres disponibles dans les corps ou services et celui des timbres conservés en approvisionnement par les fonctionnaires de l'intendance militaire désignés.

Les deux expéditions du relevé général sont, après visa du général commandant le corps d'armée, transmis pour l'ensemble du corps d'armée au Ministre de la guerre (sous le timbre du Cabinet, Correspondance générale) qui en fait parvenir une à l'administration des postes.

CHAPITRE VII.

CONTROLE.

Contrôle de l'administration des postes.

Art. 33. La production du carnet nominatif et du registre du vaguemestre peut être réclamée par le service des postes pour les nécessités du contrôle.

Inspection des fonctionnaires du corps du contrôle de l'administration de l'armée.

La comptabilité des timbres-poste spéciaux est soumise à l'inspection permanente (examen et vérification) des fonctionnaires du corps du contrôle de l'administration de l'armée.

• CORPS D'ARMÉE.

de DÉPARTEMENT

MODÈLE N° 1.

Instruction
du 25 mai 1901.

RÉPUBLIQUE FRANÇAISE.

ARMÉE DE TERRE.
(ARMÉE MÉTROPOLITAINE ET TROUPES COLONIALES.)

Service de la franchise militaire.

Demande du fonctionnaire de l'intendance militaire désigné pour le département de   à M. l'agent comptable de la fabrication des timbres-poste à Paris.

CORPS OU SERVICES A APPROVISIONNER EN TIMBRES SPÉCIAUX.			EFFECTIF DES CORPS OU SERVICES AU		
DÉSIGNATION DES CORPS OU SERVICES.	NOMBRE DE TIMBRES demandés par les corps ou services	disponibles dans les corps ou services.	Sous-officiers	Caporaux ou brigadiers.	Soldats.
TOTAUX....		(1)			
Excédent sur l'approvisionnement de prévoyance.					
RESTE à fournir...					
Réapprovisionnement du stock de prévoyance.	(2)				
(1) (2) A ajouter, s'il y a lieu :					
TOTAL GÉNÉRAL....					

TOTAL général de l'effectif :

A   , le   19 .

Le Fonctionnaire de l'intendance militaire,

Vu :
Le Général commandant le corps d'armée,

(Cachet.) •

ᵉ CORPS D'ARMÉE

—

DÉPARTEMENT

d

RÉPUBLIQUE FRANÇAISE.

———

MODÈLE Nº 2.

—

Instruction
du 25 mai 1901.

ARMÉE DE TERRE.

(ARMÉE MÉTROPOLITAINE ET TROUPES COLONIALES.)

———

Détail pour le département d

———

REGISTRE-BALANCE

*pour la comptabilité des timbres-poste spéciaux utilisés pour le service
de la franchise militaire.*

———

Le présent registre contenant   feuillets a été coté et parafé par
nous, Directeur de l'Intendance militaire du   ᵉ corps d'armée, et remis au
fonctionnaire de l'Intendance militaire désigné pour le département d
            pour être tenu conformément aux dispositions de l'in-
struction du 25 mai 1901.

A   , le   19 .

(Cachet.)

Ire PARTIE.

Enregistrement des procès-verbaux d'ouverture et de vérification des paquets transmis par l'agent comptable de la fabrication des timbres. — Montant du stock de prévoyance (mention des augmentations et diminutions autorisées. — Pertes. — Détériorations, etc.)

IIe PARTIE.

COMPTABILITÉ DES TIMBRES-POSTE SPÉCIAUX.

Nos des pièces justificatives.	DATES des ENTRÉES	NATURE des ENTRÉES.	Nombre de timbres-poste.	Nos des pièces justificatives.	DATES des SORTIES	INDICATION des SORTIES.	Nombre de timbres-poste.
		ENTRÉES.				**SORTIES.**	
		ANNÉE.					
		2e TRIMESTRE.					
»	»	Reste en approvisionnement......	5.000	»	8 avril.	* régiment d'infanterie..............	5.000
»	5 avril.	Reçu de l'agent comptable........	15.000	»	»	Section de	600
»	10 avril.	Remise du corps (ou service)...........	700	»	»	Hôpital de	950
»	16 mai.	Envoi de figurines détériorées du corps (ou service).	300	»	»	Hospice civil de	50
		Balance au...	21.000	»	5 mai.	Réapprovisionnement du corps (ou service)	800
		Report des sorties.	12.200	»	15 mai.	* régiment d'artillerie..............	4.500
		Reste en approvisionnement..........	8.800	»	16 mai.	Renvoi des figurines détériorées du corps (ou service).	300
		Stock de prévoyance	10.000				12.200
		(1)	1.200				

(1) Quantités en plus ou en moins à ajouter ou à déduire dans l'état trimestriel pour maintenir l'approvisionnement de prévoyance au chiffre réglementaire.

° CORPS D'ARMÉE

DÉPARTEMENT
d

(1) Indication du corps
ou service.

Modèle N° 3.

Instruction
du 25 mai 1901.

RÉPUBLIQUE FRANÇAISE.

ARMÉE DE TERRE.
(ARMÉE MÉTROPOLITAINE ET TROUPES COLONIALES.)

SERVICE DE LA FRANCHISE MILITAIRE.

DEMANDE au fonctionnaire de l'Intendance militaire désigné pour le département de   pour l'approvisionnement en timbres-poste spéciaux.

Situation de l'effectif du (1)   au

Sous-officiers..............

Caporaux ou brigadiers......

Soldats....................

Totaux........

Nombre de timbres-poste présumés nécessaires pour assurer les besoins pendant le   ° trimestre 190 :

A déduire :

Nombre de timbres disponibles :

Reste à fournir....

Arrêté à   (en toutes lettres).

A   , le,   19   .

Le

(Cachet.)

* CORPS D'ARMÉE.

Modèle n° 4.

RÉPUBLIQUE FRANÇAISE.

—

DÉPARTEMENT

d

Instruction
du 25 mai 1901.

(1) Indiquer le corps ou service ou portion de corps.
(2) Indiquer l'autorité chargée de la tenue du carnet.

ARMÉE DE TERRE

(ARMÉE MÉTROPOLITAINE ET TROUPES COLONIALES.

Corps ou service ou portion de corps.

ANNÉE 190

CARNET NOMINATIF

des militaires du (1)

appelés à bénéficier de la franchise militaire dans les conditions prévues par la loi du 29 décembre 1900 et le règlement d'administration publique du 23 mars 1901.

Le présent carnet nominatif, contenant   feuillets a été coté et parafé par nous, Directeur du service de l'Intendance militaire du * corps d'armée et remis à (2)   pour être tenu conformément aux dispositions de l'Instruction du 25 mai 1901.

A   , le   190 .

(Cachet.)

NOTA. — Tout militaire qui, dans le cours d'un mois. n'a pas épuisé

	BÉNÉFICIAIRES.				JANVIER.		FÉVRIER.		MARS.		AVRIL.		MAI.		JU
N° MATRICULE.	NOMS ET PRÉNOMS.	GRADES.	Mutations. (Dates d'arrivée et de départ).		1er envoi.	2e envoi.	1er envoi.	2e envoi.	1er envoi.	2e envoi.	1er envoi.	2e envoi.	1er envoi.	2e envoi.	1er envoi.
	Total de la page......														
	Report de la page précédente...														
	Total............														

En haut à droite : ENVOIS ET

son droit, perd le bénéfice des timbres non utilisés pendant le mois.

ÉMARGEMENTS.

IN.	JUILLET.		AOUT.		SEPTEMB.		OCTOBRE.		NOVEMB.		DÉCEMB.		OBSERVATIONS ET VÉRIFICATIONS mensuelles de l'officier désigné par le chef de corps ou de service.
2e envoi.	1er envoi.	2e envoi.	1er envoi.	2e envoi.	1er envoi.	2e envoi.	1er envoi.	2e envoi.	1er envoi.	2e envoi.	1er envoi.	2e envoi.	

Récapitulation au 31 décembre 190 .

Janvier. . . . .

Février. . . . .

Mars. . . . .

Avril. . . . .

Mai . . . .

Juin . . . .

Juillet . . . .

Août . . . .

Septembre . . . .

Octobre. . . . .

Novembre . . . .

Décembre. . . . .

TOTAL GÉNÉRAL des envois constatés . . . .

A   , le   190 .

Le

<table>
<tr><td>

• CORPS D'ARMÉE

—

Département

d
</td><td>

RÉPUBLIQUE FRANÇAISE.

————
</td><td>

Modèle Nᵒ 5.

—

Instruction
du 25 mai 1901.
</td></tr>
</table>

ARMÉE DE TERRE.

(Armée métropolitaine et troupes coloniales.)

————

FRANCHISE MILITAIRE.

————

Indication
du corps ou service.

————

REGISTRE pour la comptabilité des timbres-postes spéciaux.

————

Le présent registre contenant   feuillets, celui-ci compris, a été coté et parafé par premier et par dernier par nous fonctionnaire de l'intendance militaire désigné pour le département de   , pour servir à la comptabilité des timbres-postes spéciaux utilisés pour le service de la franchise militaire et remis au vaguemestre du   pour être tenu conformément aux dispositions de l'instruction du 25 mai 1901.

A   , le   .   19 .

(Cachet.)

OBSERVATIONS. — Les chiffres indiqués dans la colonne n° 4 doivent concorder avec les émargements mensuels du carnet nominatif.

Les renvois des timbres détériorés ou les remises effectuées doivent être inscrits dans la colonne n° 5 et figurer, dans la situation annuelle, à part des timbres réellement employés.

ANNÉE 19 .

Situation mensuelle.

MOIS DE	Existant au 1er du mois.	Recettes pendant le mois.	Total des colonnes 1 et 2.	Timbres réellement consommés.	Timbres perdus, détériorés ou remis.	Total des consommations.	Timbres restant disponibles.	Vérifications mensuelles de l'officier désigné par le chef de corps ou de service.
	1	2	3	4	5	6	7	
Janvier......	»	8.000	8.000	2.000	500	2.500	5.500	
Février......	5.500	»	5.500	1.000	»	1.000	4.500	
Mars.........	4.500	»	4.500	500	»	500	4.000	
Avril.........	4.000	3.000	7.000	2.000	100	2.100	4.900	
Mai.........	»	»	»	»	»	»	»	
Juin.........	»	»	»	»	»	»	»	
Juillet......	»	»	»	»	»	»	»	
Août.........	»	»	»	»	»	»	»	
Septembre...	»	»	»	»	»	»	»	
Octobre......	»	»	»	»	»	»	»	
Novembre....	»	»	»	»	»	»	»	
Décembre....	»	»	»	»	»	»	»	

Total au 31 décembre.

Timbres reçus .... 11.000   »   5.500   600   »   »

Timbres consommés.................... 6.100

Timbres disponibles............................. 4.900

Décret rendu pour l'application de la loi accordant aux sous-officiers et soldats en activité de service la franchise postale pour deux lettres simples par mois.

Paris, le 23 mars 1901.

Le Président de la République française,

Sur le rapport des Ministres du commerce, de l'industrie, des postes et des télégraphes, des finances, de la guerre, de la marine et des colonies ;

Vu l'article unique de la loi du 29 décembre 1900, ainsi conçu :

« Le Gouvernement est autorisé à accorder la franchise postale pour deux lettres simples, par mois, sous les conditions qui seront déterminées par un règlement d'administration publique, aux sous-officiers et soldats en activité de service, dans l'armée de terre et l'armée coloniale et aux officiers mariniers, marins et assimilés en activité de service dans l'armée de mer » ;

Le conseil d'Etat entendu,

Décrète :

Art. 1er. La franchise, pour l'expédition de deux lettres simples, par mois, est acquise aux hommes en activité de service des armées de terre et de mer et de l'armée coloniale, désignés ci-après :

A. — *Armée de terre et armée coloniale.*

1° Sous-officiers, caporaux ou brigadiers, et soldats de l'armée active, de la réserve et de l'armée territoriale présents au corps, en traitement dans les hôpitaux militaires et les hospices civils, ou en détention ;

2° Les exclus de l'armée placés dans la même situation.

B. — *Armée de mer.*

Officiers-mariniers, quartiers-maîtres et marins des équipages de la flotte (armée active et réserve) présents au corps, en traitement dans les hôpitaux militaires et les hospices civils, ou en détention, ainsi que les marins-vétérans, pompiers de la marine, gardes-consignes, surveillants des prisons maritimes, guetteurs sémaphoriques.

Art. 2. La franchise est constatée par l'application, sur chaque lettre simple, d'un timbre-poste spécial.

Ce timbre n'assure la gratuité que pour les lettres simples

expédiées par les militaires et marins à destination de la France, de l'Algérie, de la Tunisie et des colonies françaises.

Il devra, toutefois, être donné cours à celles des lettres de la même origine, pour les mêmes destinations, dont le poids dépasserait celui d'une lettre simple. Dans ce cas, le timbre spécial vaudra affranchissement pour un port simple, et l'expéditeur pourra compléter, par l'apposition de timbres-poste ordinaires, la taxe correspondant à l'augmentation de poids.

Faute d'acquittement de ce complément de taxe, au départ, les lettres de l'espèce seront considérées comme lettres insuffisamment affranchies et passibles, à l'arrivée, d'une taxe égale au double de l'insuffisance d'affranchissement, conformément à la loi du 25 mars 1892.

Il ne pourra être délivré deux timbres spéciaux pour l'affranchissement d'une seule lettre.

Tout militaire ou marin qui, dans le cours d'un mois, n'aura pas épuisé son droit, perdra le bénéfice des timbres non utilisés pendant le mois.

Art. 3. Toute lettre appelée à bénéficier de la franchise devra être remise au vaguemestre ou à un sous-officier spécialement délégué, qui la revêtira immédiatement du timbre spécial et en effectuera le dépôt à la poste.

L'autorité militaire ou maritime tiendra, par unité administrative ou par détachement, un carnet nominatif des hommes appelés à bénéficier du privilège et y fera constater chaque envoi par l'émargement de l'expéditeur.

Il est également tenu par le vaguemestre un registre qui fera ressortir l'entrée et la sortie des timbres. Ce carnet et ce registre seront cotés, parafés et vérifiés mensuellement par un officier désigné à cet effet par le chef de corps.

Leur production pourra, en outre, être réclamée par le service des postes, pour les nécessités du contrôle.

Le registre du vaguemestre sera arrêté mensuellement ; il fera ressortir :

1ᵉ Le nombre des timbres disponibles à la fin du mois précédent ;

2° Le nombre des timbres reçus en approvisionnement pendant le mois ;

3° Le nombre de timbres employés pendant le mois.

Le vaguemestre établira, chaque année, une situation des timbres reçus, consommés, et restant disponibles au 31 décembre.

Ces situations seront centralisées par les soins de chaque ministère intéressé et serviront à l'établissement d'un relevé général, dont un duplicata sera fourni à l'administration des postes.

Art. 4. Le ministère des colonies s'approvisionnera de timbres directement auprès de l'agent comptable de la fabrication des timbres-poste et sera chargé de leur répartition.

L'approvisionnement des timbres destinés aux troupes de l'armée de terre et de l'armée de mer se fera par les soins de l'agent comptable, mais sur demandes directes émanant :

1° Pour l'armée de terre, du fonctionnaire de l'intendance désigné à cet effet dans chaque département et, en Tunisie, par le Ministre de la guerre ;

2° Pour l'armée de mer, du commissaire aux armements, dans chacun des ports militaires.

Ces fonctionnaires seront chargés de la répartition des timbres.

Les demandes devront être faites trimestriellement, appuyées d'états d'effectifs régulièrement constatés, et tenir compte des timbres restant disponibles de la livraison antérieure.

A la réception des demandes, l'agent comptable de la fabrication adressera directement les timbres à l'agent comptable des colonies, au fonctionnaire de l'intendance, désigné à cet effet dans chaque département et en Tunisie, et au commissaire aux armements, dans chacun des ports militaires.

A la réception des timbres, un reçu, en double expédition, sera adressé par le fonctionnaire destinataire à l'agent comptable de la fabrication.

Art. 5. Les Ministres du commerce, de l'industrie, des postes et des télégraphes, des finances, de la guerre, de la marine et des colonies sont chargés, chacun en ce qui le concerne, de l'exécution du présent décret, qui sera publié au *Journal officiel* de la République française et inséré au *Bulletin des lois.*

Fait à Paris, le 23 mars 1901.

EMILE LOUBET.

Par le Président de la République :

Le Ministre du commerce, de l'industrie,
des postes et des télégraphes,

A. MILLERAND.

Le Ministre de la guerre,	*Le Ministre des finances,*
Général L. ANDRÉ.	J. CAILLAUX.
Le Ministre des colonies,	*Le Ministre de la marine,*
Albert DECRAIS.	DE LANESSAN.

Paris et Limoges. — Imprimerie militaire Henri CHARLES-LAVAUZELLE

Librairie militaire Henri CHARLES-LAVAUZELLE
Paris et Limoges.

REFONTE DU BULLETIN OFFICIEL DU MINISTÉRE DE LA GUERRE

Règlement sur la solde et les revues des corps de la gendarmerie (à jour au 15 août 1896).

TEXTE. 196 pages, cartonné, *franco*, 1 fr. 50; relié toile, *franco*...... 2 25

MODÈLES, 132 pages, cartonné, *franco*, 1 fr. 25; relié toile, *franco*..... 1 75

Gendarmerie : 1° Description de l'uniforme; 2° Description du harnachement des chevaux (à jour au 9 octobre 1899). 188 pages, broché, *franco*, 1 fr. 50; relié toile, *franco*.................... 2 25

SERVICE DU GÉNIE. — **Dispositions générales** concernant le service de l'état-major particulier du génie (à jour au 1er mai 1899). 472 pages, broché, *franco*, 3 fr. 50; relié toile, *franco*.................... 4 50

SERVICE DU GÉNIE. — **Télégraphie militaire, aérostation militaire, pigeons voyageurs** (à jour au 1er décembre 1898). 148 pages, broché, *franco*, 1 fr. 40; relié toile, *franco*.................... 2 25

Instruction du 15 mars 1897 relative aux **travaux du service du génie.** 280 pages, broché, *franco*, 2 fr. 50; relié toile, *franco*.............. 3 50

La même instruction, format tellière, grandes marges, *franco*...... 4 50

Règlement sur le casernement. Décret du 3 mars 1899. 176 pages, broché, *franco*, 1 fr. 50; relié toile, *franco*.................... 2 25

Instruction technique sur l'exécution des travaux de réparation et d'entretien du casernement par les corps occupants (art. 116 du règlement sur le service du casernement du 3 mars 1899). 114 pages, broché, *franco*, 1 fr. 05; relié toile, *franco*.................... 1 75

Instruction du 27 avril 1894 sur la **vérification et la réception des matières et effets nécessaires** pour l'exécution du **service de l'habillement** (à jour au 1er juillet 1899). Broché, *franço*, 0 fr. 75; relié toile, *franco*.................... 1 25

Description du matériel de campement en usage dans l'armée (à jour au 15 septembre 1896). 164 pages avec figures et planches en couleurs, broché, *franco*, 1 fr. 50; relié toile, *franco*.................... 2 25

Paquetage et harnachement des chevaux de la cavalerie (Tables de construction et description. Entretien du harnachement et de la ferrure). Édition mise à jour des textes en vigueur jusqu'au 9 mai 1900. 174 pages avec planches, broché, *franco*, 2 25, relié toile, *franco*.......... 3 25

Instruction. — Instruction des officiers. Exercices et manœuvres. Ecoles. Bibliothèques. Journaux, théories, publications diverses. ANNEXE : Masse des écoles. (A jour au 20 juillet 1897.) 470 pages, broché, *franco*, 3 75; relié toile, *franco*.................... 2 »

Code de justice militaire pour l'armée de terre (à jour au 1er juillet 1896). 184 pages, broché, *franco*, 1 50; relié toile, *franco*.......... 2 25

Instruction portant règlement pour le paiement des dommages causés aux propriétés privées et mesures à prendre en cas de dommages causés aux biens du domaine public communal pendant les manœuvres et exercices spéciaux exécutés annuellement par les corps de troupe et à l'occasion du fonctionnement des champs de tir. 62 pages, broché, *franco*, 0 fr. 60; relié toile, *franco*.................... 1 25

Justice militaire (dispositions diverses) (à jour au 1er novembre 1899). 268 pages, broché, *franco*, 2 fr. 15; relié toile, *franco*.............. 3 15

Ministère de la guerre. Administration centrale de la guerre. Etat-major de l'armée. Service géographique. Secrétariat général. Comité d'administration. Conseil supérieur de la guerre. Comités et sections techniques. Commissions. Dépôt des modèles. Service intérieur. (A jour au 31 décembre 1898.) 148 pages, broché, *franco*, 1 fr. 25; relié toile, *franco*. 2 »

Manuel du service des pensions (lois et règlements) suivi de l'instruction générale pour son application (à jour au 26 mars 1897). 364 pages, broché, *franco*, 3 fr. ; relié toile, *franco*..................... 4 »

www.ingramcontent.com/pod-product-compliance
Lightning Source LLC
Chambersburg PA
CBHW061725060726
47597CB00006B/2572